Zanya

Eerste digbundel deur
Sonja Boshoff

Malherbe Uitgewers Publikasie

Outeur: Sonja Boshoff
Voorbladontwerp: Malherbe Uitgewers

Geset in Franklin Gothic Book 12pt

Alle regte voorbehou
Kopiereg ©Sonja Boshoff
ISBN 978-1-991455-72-7
Eerste Uitgawe 2025

Gedigte

i

Kleurvol

Kleure
geure
gebeure
alles beur vorentoe
die seer en smart
die sag
die hart
die lag
die son
die blomme voor my deur

dit het nou gebeur
die stilte moet nog steur
saggies maar rustig.

My Vader

My Vader kom Nader met U krag heerlikheid
teenwoordigheid en U engele.

Laat dit beweeg ...
soos Psalm 36 sal U trou by my wees.

Wat Soos die wind waai en draai
beweeg U heilige Gees oor my lewe.

Gee U dienskneg die oorwinning
ek staan op Psalm 20 23 35 91 en 135.

Wind wat waai

Dit draai swaaiend deur die bome
dit gee groei
dit laat vloei
sade kom uit die aarde uit
vloeiend groeiend bloei dit

die son en reën
wolke sweef
alles kan weer leef

blomme kom en blom
sade bars...
uit die aardkors uit.

Winde van verandering

Winde van verandering
het baie seer gebring
tog sal ek steeds glo en sing.

Die wind suis en bruis
die dam is grys
groen soms blou.

My hart leeg; verlore en grou
verhoor my gebede
smeek ek.

Voorsien nou en later
laat u die swaar blus
na vrede en rus.

Kalmeer my
totdat ek myself weer kan vind
om net myself te wees.

Moet net my vrese vir U gee.

Ek sien

Ek sien die hart in die blou lug
Vader dit is so mooi
dis pienk nie rooi
dan sien ek op Facebook dieselfde
wat iemand ook gesien het
net oranje
'n vreemdeling wat my laat glo en sing.

Miljoen Woorde

Een miljoen Woorde
sonder musiek en akkoorde
ek sing en bring dit
net vir jou
op hierdie dag van wit en blou
op hierdie dag eers somerson
dan weer winterkou.

Toegevou in
liefde en vriendskap
terwyl ek woordeloos bid
hier waar ek sit
gelukkig ...
hartseer ...

Net vir jou...

Persblomme

Julle dans verruklik
in die wind
dit laat my voel en
glo soos n kind

Vader kom nader
laat die dou vergader
om my water te gee vir altyd
dit sal skyn in die blomme se pers.

dit kom en gaan
net soos die woord wat sê
Ek is en was en sal altyd wees
pers; pers orals is pers

verruklike dansers in die wind.
geestelik en sag.

Droomhuis

Waar is jy?
waar kruip jy weg?
is dit in my land of oorsee?
met wit-wit sand om my

ek bid en wag vir daardie dag
jou houtdeur wat kreun
en ook n glasdeur wat loer na die son
see en tuin

waar is jy?
om my te verbly en veilig
en vry te laat voel?

jy wag geduldig op my
sal jou binnekort op die hoe koppies kry
jy wag geduldig op my
ek hoor alreeds die see se sterk stem.

Vir ewig net jy

Tyd vlieg verby
as ek my weer kry
droom my hart van jou
altyd net jy

die mis oor die stasie is
grys en geheimsinnig
ek stap alleen op die perron
as jy net kan weet
hoe baie was my leed
maar jy het my in die steek gelaat.
ek het in jou geglo

jy het my net vergeet
tog sal ek steeds glo
in ware vriendskaps-liefde.

Geen Haas

Geen haas
geen baas
geen stres
hier is ook jou minste jou bes
bome wat vredes-koelte laat groei

stille strome
stilte... stilte...
dis vullend elke keer
jy ja, sal selfs hier leer
groen bome
silwer strome
diep en blou water
mense wat skater

wonderlik is die koel wind op die strand
die skepping wat jou hart laat sing
wat vryheid en vrede en vreugde en wysheid bring.

Drome

Drome
drome
strome
strome
bome
bome

water en skater
so veilig
so vry
so gelukkig

vir ewig en altyd
toegevou in sagte wolke en kussings

pragtige kamer...
al nader...
ek sing...
ek sien...
hoor en voel...

dis naby
nie net drome
woorde maar krag.
dis oopgetrek
dis nou...

Smeek

Die regverdige roep en roep
smeek en smeek
ek sal wreek my kind
skuil by My alleen

Ek sal jou toevou teen
die vyand se snydende...
...snerpende koud wind
want jy is My kind

Ek is jou Vader
Ek is groter as hy wat in die wêreld is
dit is volbring...
...dit is volbring...
Yahshua se lied wat in my gees moet sing.

Dis stil

Dit is stil in my gemoed.
al is daar n storm wat woed.
vanoggend sien ek die duiwe op die gras.
ook mossies wat ook smul aan oorskiet pap.
die Vader kruip al nader in my binneste en dieper.

Hy sal voorsien...

Kaap

Kaap; Kaap mooiste Kaap
ek wil nie sluimer of slaap
net vergaap aan jou skoonheid sag
dag of nag
groen en wit en bruin
soms grys en koper bo en onder

Kaap; Kaap mooiste Kaap
geen slaap
geen sluimer

Die mooiste Kaap...

My Pad

Geure;
kleure vol gebeure
vol lag en seer
onsigbare engele op my pad
wat my altyd verder vat
na guns en voorsiening en meer hoop
niks kan dit vervang.
al voel ek soms so bang.
die druk van die lewe...
ek sluk en nie te veel te treur

Dankie vir die lig
vir U beskerming en liefde.

Aards en Bruin

Aards en bruin
wit-spierwit skuim
net sand en 'n koel wind
vat my hand saggies...
laat jou hart altyd diep en naby lê

die sterk stem van die oseaan
wil vandag vir jou wil sê
bly net naby
voel alles om jou en binne jou
terwyl jou voete wegsink in die nat sand

aards en bruin
wit-wit skuim hardloop vrolik teen jou lyf
die gety beweeg

net vryheid in die oomblik
van stap en swem en rus
al die duine om jou
al teen die steiltes op
sukkel sukkel tot bo

dan gly jy af in die skoon sagte sand
dit neem jou hart nader
aan die roepstem van die oseaan
hy hardloop en sing heen en weer
sy suiwer stem wat kalmte bring.

Stille woorde

My hart is smagtend
my oë geslote
my hande soekend

geheimsinnig en geduldig
sal ware vriendskap en liefde
onverwags maar betyds opdaag
en my lewe voller maak
my mond is stil...
...my hart praat meer...

Ek sien alles

In my gedagtes is ek reeds daar
waar groen bome en blomme my omvou
rooi, geel en wit – 'n kleurryke prag
in 'n somerhuisie waar ek lees, skryf, oefen en bid

rooi rose pryk helder op 'n wit klavier
en ek hoor my orkeslede vrolik lag
'n groot, gelukkige dag vir ons almal –
'n tyd van vreugde en vreedsame gesang

mense sing saam – sy kinders, ware vriende
'n kosbare oomblik vasgevang in klanke
waar vrolike note geluk bring
stygend en dalend, sag en hard

tot my hart juig en saam sing
hoog en laag, hoog en laag
nou sal my hart altyd lag
ek sien alles, ek voel dit reeds

die rose, die branders, die klavier, die kitaar
die koel wind wat oor die tuin sweef
en die branders wat dreunend slaan
sag en hard, hoog en laag

ons klanke en die oseaan se sterk stem
sweef en leef vir altyd in my hart.

Die nuwe dag

Die nuwe dag breek oop Soos n ryp vrug
dis vol smaak en kleur

my hart is vol drome
met afwagting wil ek aanhou sing

vandag is die belangrikste
more kom nog en gister is verby
nooit sal ek weer laat dit my onder kry

kyk hoe mooi is die oggendson
wat vrolik uitpop
soos n nuwe blom.

Drome my drome

Drome gee jou krag
selfs in donker dae van seer en smart
al verstaan jy nie altyd die diepte daarvan
voel jy dit in jou gees – dit sal nooit vergaan
moet dit nie ontleed
glo net, en weet

drome, soete-soete drome...
sag, hard, en soms verward

jy wag en wag, dag en nag
maar steeds sal ek lag
al wil die trane oorvat
hoekom? omdat ek glo
omdat ek weet ek kan wen

luister net na jou hart se stem
vurige, warm begeertes spoel oor jou
soms koud en blou
maar altyd mooi.

My Beminde

Hoor jy wat ek sê
oseaan jy is my beminde
jy dra self jou ontwerpersdrag
blou en groen selfs grys rokke met wit klokke
wat hardloop strand toe

jou son en water kleur
jou skoonheid betower my hart
dit maak dit warmer en vryer
om vir n ruk alles te vergeet

my ewige beminde wat vreugde en vryheid
sonder reëls en geld na my bring
daarom wil ek steeds my lied sing...
...oseaan...
...oseaan ...
...oseaan ..

Ek is tuis

My huisie, regop en trots
stewig gebou op 'n rots
sy gesig na die strand gedraai
en ook na die land wyd en waai
'n groot glasdeur na buite kyk
met 'n tuin en uitsig wat die siel laat ryk

ek is tuis, my eie huis
ek roep opgewonde uit
so dankbaar
so bly ek is vry

net nog 'n paar drome om vas te gryp
wanneer ek my deur oopmaak
hoor ek meeue wat op my stoep kom praat
nog baie moet ek spaar
maar alles wat ek droom, lê reeds daar

die sleutels van nuwe deure wink
ek weet ... ek sal dit in my hande kry

Geheime

Grys-en-groen-en-blou
blou-groengrys
diep is jou watergraf
met skeepswrakke ingelê
wat wil jy my vertel
wat wil jy vir my sê...

van name
selfs jare
verhale toegevou
in geheimsinnige blou
diep waters van die see
stories oor geheime
jou geheime oseaan.

My swaar en joune

Die boom sê
laat jou gees hier onder my kom lê
waar jy rustig en vry kan wees
al dra jy 'n swaar vrag
sal jy die lig gewaar
dit glinster vol son deur my blare
met diepte geanker in my wortels
in ryk, vrugbare grond

vestig jou drome, vestig jou rus
in die stilte van vrolike sonliggies
eenvoudige woorde in klein gediggies
word hier geskryf
op grond wat vrugbaar en diep bly

hier is wysheid, vrede, en rus
'n skaduwee...
'n skaduwee wat stadig skuif
stil, stylvol
en jou sig kalm vul

jou waarde, pragtige boom
gee ook vir my waarde
as jy stil en rustig staan

praat slegs 'n sagte wind
en sonliggies wat deur jou blare sluip
jy gee hoop en krag in jou prag
stilte so sag
diep gewortel...
...in vrugbare grond.

Sonneblom

Sonneblom, o sonneblom
waar het jy vandaan gekom
deur jou skoonheid sal vreugde voller blom.
dis nou minder seer

al kan my hart nie verstaan sonneblom
verstaan jy met jou vrolike
hoopvolle geel-blom songesig

pragtigste gesig
jy inspireer my gedig.

So bly

Dankbaar lig ek my stem na bo
is so bly
alles draai om en om
ek is verstom

geen woorde...
u is so wonderbaar
 kan in storms altyd veilig by u skaar

ek word nou stuk-stuk vry
want U heiligheid is my veiligheid
nie net nou maar vir ewig

sal elke dag buig voor U krag
in die sag en ook snags
nooit kan ek ooit teruggee wat
U al vir my gedoen nie.

Prentjie

Prentjie teen die muur
waarom is my drome so duur
jy soek en soek
wag-en-wag
dag-en-nag
tog roep dit vol beloftes
gee dit innerlike krag

om môre weer op te staan
sonder ophou te baklei

wees rustig se n stem
jy het reeds gewen

kom nader se die prentjie
raak aan die strepe
voel dit lewe agter die prentjie.

Wat is liefde?

Ware liefde is nooit te veel of te min
dit is in en uit ... uit en in ...
jou hart wil net bemin

maar daar is te veel seer
wat net oor en oor en weer en weer
jou keer om alles te gee

nooit wat jy gee is ooit genoeg
jy sweet en swoeg
jy ploeg en ploeg

dit is nooit genoeg
miskien is dit net n droom
wat vervaag het

nou is daar niks helder nie
net 'n vêrlangse sprokie
in jou hart versteek.

Die mis

Die mis...
...die mis...
die pragtige mis
alles was en is
vir ewig vir altyd

is die skepping se asem
 sigbaar...
voelbaar...
hoorbaar.

Moeder Aarde se mistige asem
swewend en nat die wasem
asem teen die rots
totdat die sonnetjie weer hallo sê.

Nou en gister

Liefde is was en kom nog.
gister en vandag vir ewig....
vasgebind aan herinneringe
 seer smart
 die nag swart.

nou het goudson geverf
'n smagting en verwagting.
om te glo en aanhou te stap.
om te hardloop op 'n strand.
vryheid is beter...

'n plek wat aanhou
tot bo in die blou.

My eie woorde

Die krag van woorde:
ek skryf 'n woord, 'n lied, 'n gedig
ek glo dit sal my oplig
my bou, en ander inspireer
dit neem my na hoër plekke
oop ruimtes, nuwe dinge, reise en mense.

Woorde... net woorde?
Maar tog 'n medisyne
'n Musiekblad sonder note
'n Hawe sonder bote.

Op reis deur my woorde
kom ek by eksotiese, pragtige plekke uit
soos 'n sprokiesland in my hart
selfs 'n prentjie op facebook
laat my dig en droom
'n wêreld waar ek kaalvoet kan dans
en die lewe voluit kan ervaar.

As ek net my woorde kon vra
sou hulle my verder dra
sou hulle lewendig word
soos Walt Disney se karakters
elkeen met sy eie unieke stem.

Sy eie rol
wat nooit te vroeg of te laat is nie.
hulle neem my weg,
weg van die gewig van alles
wat soms té veel word.
'n tyd en plek
waar ek net myself kan wees.

Mooi woorde bou my,
soos mooi plekke en dinge wat sê:
"rus in die wete
dat jy net jouself kan wees."
al is dit net vir 'n oomblik
'n oomblik van jou eie woorde.

Die See

Ek hoor die druisende winde
die bruisende branders wat breek
bars en buig
my binneste is vol verwagting
wat juig oor alles wat die oseaan vir my gee

pragtige en magtige oseaan.
geskep deur God met krag en prag
So pragtig die kragtige-klots-klanke elke oomblik

die see spoel en beweeg en slaan sag
en hard teen sand en rots

Kragtige-klots klanke......
vanuit die see ...

Dinge sal gebeur

Dinge sal gebeur met n oop deur...
dankie Vader...
Abba Vader....
kom Nader.....

die gras is groen.
die lug potblou.
die wolke spierwit.
dan's sneeuvlokkies ook wit verby

groot drome;
ver lande.
dinge sal gebeur...
n oop deur. kraak stadig en skielik. oop.
dis hoorbaar! dis voelbaar! sigbaar!
ek hoor die krakerige houtdeur

watter uitsig.
die liggies van nog n Europese stad.
ek rek myself uit en sluk warm koffie.
dan lui my foon en my orkesmense
laat weet hoe laat ek reg moet wees om te sing

dit sal gebeur...
dit sal ... ek glo... ek glo... dankie Vader...

My Suid-Afrika

Ek roep na U!
Genade vir my!
Genade vir U kinders.

Die wêreld is donker
my land verstoot; alleen.

My land is 'n eensame weduwee
vertrap en verneder en verstoot
haar geliefdes is verstrooi en ver weg
almal gee pad
almal is weg.
maar by U is alles reg.

sy kan nie meer gee
sy het alles gegee
eintlik te veel gegee
nou wil die vyande alles verwoes
vernietig en uitsuig
die laaste bietjie vrugbare grond

almal jaag na mag en meer geld
en in die geld is genoeg kos maar word vrot gelos
 die onskuldiges word beskuldig met valse woorde .
maar U Woord sê...
enige iemand wat teen Israel is, sal Hy vernietig.
by U sal ons Alleen skuil en net buig voor U.

My Suid-Afrika
die sonnige Suider-land
alles sal weer saamkom
net soos die land en strand.

Jy is Weg

Jy is my son en ster
jy is naby maar ver
jy het nie my woorde gehoor of verstaan

jy het in die donker heelal verdwyn
ek het so geglo
son-sprokie sal ewig skyn

ek stuur vir jou n engel met n brief
vir jou het ek so lief

maar groet jou want jy het weggestap
en in die heelal verdwyn.

My Yahweh

Ek lê my hart voor U
U heerlikheid is orals om en om
U is my nuwe dag;
nuwe lewe wat blom en blom.

Dit sweef met U gees
U weet en lees.
Elke woord; emosie en asem
U wasem
U krag teen my ruit
Alles is in en uit.

Uit U
deur U
tot U.

Waar is jy?

Waar is jy?
om my hart weer lewe te laat kry
bring vir my 'n bos wit rose
'n kaartjie wat wegkruip agter die blare

my beminde; lank terug al gesoek
gewag en gebid
net 'n ware vriend wat die seer wegvat
wat iets dieper kan gee vir wat ek nodig het
liefde wat skoon, diep en spesiaal is
sonder enige voorwaardes

ek benodig net opregte vriendskapsliefde
met vryheid by, toegevou in begrip en lojaliteit
tot die einde van my lewenspad

suisende winde
blare wat waai en afval
n nuwe seisoen
saam met die skepping se sagte
rustiger bruingoud herfs
dan die winter ... lente ... somer

dan kom jy nader
en hoor my skaterlag in die water
engele sal jou na my toe stuur
ek moet net glo en wag.

Piet Retief

Geheimsinnige snoesig en sag
kruip sy nader
haar donker kleed uitgespan
ver en wyd oor die dorp

sy is pragtig en sag wanneer die son uit is
dan is sy skielik weg

die oggend wil oopbreek in goudgeel lag
jou misgordyn wat skielik verskyn
en weer verdwyn.
haar rok is silwer en wit en sag
dit bring na vore
'n vurige en warm sonnige dag.

Gesig weggedraai

Haar gesig
weggedraai teen die wind
net die see weet
hoe diep haar seer lê

hy roep en roep
die branders verdoof die klanke

haar man weet nou
sy is nou finaal weg as sy vrou
alles was nie genoeg

haar rug is op hom gedraai
sy het finaal klaar besluit
haar lewe geswaai

en alles sag weereens vir die see gesê
dis finaal ....
verby....

Verre drome

Silwer drome
goue drome
so ver....
eers son
'n maan en ster

soveel trane en soveel vreugde
dit sny en kwes
dit bloei binne jou

silwer en goue drome
het my seer laat kry
niemand was daar en het verstaan
hoe ver en lank en diep het my reis
sukkelend deur klowe en bos gekronkel
hoog en laag deur lag en pyn

tog soggens weer gewink en wagtend gelag
al hoe nader....
word my oes vergader.
net genade op genade.

Haar stem

Stilte sê
sy het haar eie woorde
stil en diep
ver maar naby
krag vir siel en hart

bevrydend en bevredigend
stil en diep
ver maar binne so naby.
dit is net stil...

Uiter

Uiter U name
Yahweh
Yahweh
Yahshua
Yahshua

U krag is my rivier
dit beweeg oor groot klippe en diep skeure
klim hoog op na die bergtoppe
dit maak paaie gelyk en kalmeer alles

U sal my help!
U is my Yahweh.

Domme Mens

Domme mens
domme mens kyk na die son
soos blomme met koppe hoog

maak oop en kyk voor die mooi wyk
dis by jou en langs jou kom net uit

meisiekind, kyk net na die son
alles wat kleurvol blom
selfs drywende wolke massas in pienk en oranje
die horison se prag-blom kleure

dis al domme mens
dis ook vir my
moenie laat seer jou onderkry en kom net uit.

Diepe liefde

Dieper as diep
my brandende hart se emosies
verder as ver my drome wat
smag na stiller strome

ek hunker en wag
maar die liefde het vir my gelag

dis diep maar ver
'n vreemde verskietende ster

nie nader en bekend
net seer en geskend

tog kan ek Yahweh bemin
U vra so min
asook die skepping en my kosbare kat

'n liefde wat nader is
sterker en stiller
vir ewig...

Oseaan

Oseaan, my lied vir jou

Oseaan, oseaan, ek skryf 'n lied vir jou
Met maanlig in jou hare en silwer op jou rug
Jy is vol van lewe wat met branders na die strande
vlug
Hooggety... laaggety... hooggety...
Jaargetye kom en gaan, maar jy bly magtig staan.

Oseaan, oseaan, jou spierwit branders het my
bekoor
jy spring en dans – vrolik, maar sterk
teen rotse slaan jy met jou krag en werk
met dreuning in jou golwe en mag in jou stem
het jou skoonheid lankal my hart gewen.

Luister as ek fluister, luister as ek sê:
dit is so wonderlik om jou lief te hê.

Oseaan, oseaan, jou diepblou waters betower my
steeds
as jy woedend te kere gaan
wil my hart gaan staan
met wilde, woeste krag slaan jy teen die rotse vas
'n vrolike, sterk vertoning van mag en pas

Bedags skater en swem mense in jou koel waters
snags staan vissermanne vroeg al en wag op 'n
vangs
jy brand soos 'n kaggelvuur in my hart
'n liefde wat reeds van kindertyd af begin het.

Elke keer wag ek met verlange
net om jou weer te sien en hallo te sê
om te fluister: "Dis wonderlik om jou lief te hê."

Geheimsinnige, pragtige oseaan
wie se skoonheid altyd sal bekoor
maar mense moet jou beskerm
vir mens en dier se voortbestaan
sodat ons jou kan geniet en bewaar.

Oseaan, oseaan, ek sing 'n lied net vir jou.

Wat?

Woorde maak of breek!
Dit versteek geheime
jy vertrou... jy wantrou

op en af beweeg die skaal
jy wens jy kan altyd vertrou
ongelukkig bestaan dit net by die opregtes
ander breek en vernietig dit vinnig
veral as jy alles so anders begeer
om jou is mure gebou
gevou in mistigheid

jy staan op n stasie
daar is mistigheid om jou
alles is so dof en onduidelik
jy vrees om te veel te vra
want dan sê jy ook iets wat nie sal opbou nie
stilte is seer maar meer wys

jy staan op n stasie
daar is mistigheid om jou
vir n oomblik aarsel jy...
dan besluit jy ferm
dis nou of nooit.

die fluitjies fluit
dan staan jy op en verdwyn in die mis
jy is nog 'n vreemdeling
wat net weg stap...

Gebroke my binneste

Met alles wat gebeur het
is my hart gebroke en geskend
vrae draai rond
hoe moet ek dit verwerk
as ek self nie verstaan
wat my binneste moes deurgaan?

nooit sal ek dit vergeet
jy het my vergeet
nou is daar geen "ja" meer nie
net 'n vinnige "nee"

ek moet aanhou
voortgaan in die mis
wat oor die stasie trek
na 'n plek van dieper rus
waar ek weer leer
om myself lief te hê

ek droom van 'n son
wat deur die mis breek
wanneer dit verdwyn
sal die volgende trein stilhou
ek sal afklim
by 'n nuwe stasie

in die verte
sal 'n ware droomprins
skielik en skelm verskyn
sy glimlag sal saggies
aan my hart raak
sonder woorde
sal ons weet
ons liefde sal die seer genees

sy skaam, vinnige lag
sal my nagte versag
hy sal weet ... net weet
om my ware vriend te wees
met ruimte vir wie ek is

voor alles...
sonder woorde
sal dit net gebeur.

Ek smeek

Ek roep na U Yahweh.

Ek smeek en smeek
soos 'n wolf in die skemerte.

Smagtend; knielend voor U
ek roep en smeek en huil dag en nag.

O Vader; Abba Vader
wees my net genadig en help my.

Net Soos Dawid vra ek
wees my genadig en red my
van my vyande.

U krag

Die bloekombome staan regop en hoog
ek lig my hande ook hoog
na U my Vader. Na U my Yahweh

as die weerlig die bome tref
is dit U krag wat U stem verhef
weerlig in die vertel!
weerlig!

Ek hoor U sê
net by My sal jy veilig wees.

My skeppingskrag sê Yahweh
U stem heers oor die water massas

Yahweh!
Yahweh!
U is almagtig.

Geagte Leser

Ons hoop dat u ons boek geniet het en dit boeiend gevind het. U terugvoer is baie belangrik vir ons en vir toekomstige lesers.

Ons sal dit baie waardeer as u 'n paar oomblikke kan neem om 'n resensie op Amazon te skryf. U mening help ander om ingeligte besluite te neem en dit help ons om beter te verstaan wat ons lesers waardeer.

Baie dankie vir u ondersteuning!

Vriendelike groete

Die Malherbe Span